뚱뚱해서 싫어?

스콜라 scola_ 가치 있는 책을 만드는 아름다운 책 학교
(주)위즈덤하우스의 아동·청소년 브랜드입니다.

글 오미경
1998년 '어린이동산'에 중편동화 《신발귀신나무》가 당선되어 어린이 동화를 쓰기 시작하였습니다. 비만 어린이들이 점점 늘어나는 것을 보고 안타까운 마음에 이 글을 쓰게 되었습니다. 그동안 지은 책으로는 《신발귀신나무》《교환 일기》《금자를 찾아서》《선녀에게 날개옷을 돌려줘》《일기똥 싼 날》등이 있습니다.

그림 김정진
경기대학교에서 서양화를 공부하고, 동 대학원을 졸업하였습니다. 한국출판미술대전에 아홉 번이나 입상하였고, 개인전과 단체전에도 여러 번 참여하였습니다. 대표작으로는 《개구리 삼촌》《천재를 뛰어넘는 생각 학교》《니체의 차라투스트라는 이렇게 말했다》《미국 엄마 뺨치는 엄마표 영어 회화》《떴다! 방구차》《정약용 공부법》등이 있습니다.

좋은 습관 길러주는 생활동화 06

비만. 습관을. 고쳐주는. 책.

뚱뚱해서 싫어?

글 오미경 | 그림 김정진

스콜라

작 가 의 말

광무와 함께 비만 탈출하기

요즘 우리 주변을 보면 날씬해지고 싶어 하는 사람들이 참 많아요. 그래서 다이어트를 위해 운동을 열심히 하고 음식도 조절해서 적당히 먹지요. 그런데 그게 잘 안 되는 사람들도 있어요. 귀찮아서 운동도 하지 않고, 맛있는 음식이 있으면 참지 못하고 다 먹어버리지요. 특히 치킨, 피자, 도넛처럼 달콤하고 기름진 음식은 너무 맛있어서 배가 불러도 계속 먹어요.

살이 많이 찌면 참 속상하지요? 예쁜 옷을 입을 수 없고, 운동도 잘하고 싶은데 마음대로 되지 않고, 땀도 많이 나고, 뚱뚱하다고 놀리는 친구들이 있는가 하면, 자꾸 자신감도 없어지고…….

그런데 가장 중요한 건 살이 찌면 건강이 안 좋아진다는 사실이에요. 얼마 전, 우리나라 어린이들에게 성인병이 많이 생기고 있다는 통계가 나왔어요. 비만이 성인병의 원인이라고 해요. 하지만 트랜스지방을 적게 먹고, 규칙적인 식사를 하면 비만을 예방할 수 있어요.

　이 책을 읽는 어린이들 중에는 스스로 비만 때문에 고민하는 친구도 있고, 지금은 괜찮지만 앞으로 뚱뚱해질까 봐 걱정하는 친구도 있을 거예요. 이 책의 주인공 '광무'도 여러분과 똑같은 고민을 하고, 쉽게 살을 빼지 못해 괴로워해요. 엉뚱하게 회충으로 살을 빼려고 노력하기도 하고, 놀리는 친구들을 피해 가출을 결심하기도 하지요. 하지만 이런다고 해결되는 건 하나도 없어요. 결국 엄마와 함께 '뚱보 탈출 대작전'을 하나씩 실천해 가지요.

　뚱뚱하다고 고민하는 어린이는 광무처럼 꾸준히 노력해서 친구들에게 새로운 모습을 보여 주세요. 또, 친구가 뚱뚱하다고 놀리는 어린이는 앞으로 그 친구가 날씬해질 수 있도록 옆에서 응원해 주세요. 우리 모두 건강하게 자랄 수 있도록 말이에요.

2010년 나무가 짙푸른 여름,
오미경

차례

작가의 말
광무와 함께 비만 탈출하기 _4

추리닝을 입은
코끼리 엉덩이
8

너무 멋진
마법의 청바지
15

'똥광'이라고
하지 마
24

내가 뚱뚱해서
싫어?
33

추리닝을 입은 코끼리 엉덩이

"엄마! 지퍼가 안 올라가."

광무는 주방 쪽에 대고 소리쳤어요.

"그 바지 산 지 얼마나 됐다고? 배에 힘주고 올려 봐."

"그렇게 했는데도 안 돼."

"어휴! 못살아. 그럼 얼른 벗고 그냥 추리닝 입고 가. 학교 늦겠다."

광무는 할 수 없이 바지를 벗었어요. 바지에 주머니가 많아 마음에 쏙 들지만 그럼 뭐해요. 그림의 떡인걸요.

학교 가는 길에 추리닝을 입은 아이는 하나도 없었어요. 무릎이 나오고, 걸을 때마다 살이 출렁거리는 게 다 보이는 추리닝, 정말 싫어요. 으으으! 2학년 올라온 지도 얼마 안 됐는데 창피해 죽겠어요.

광무가 제일 좋아하는 수학 시간이에요.

"이 문제 풀 수 있는 사람!"

드디어 기회가 왔어요. 선생님의 눈에 띌 기회 말이에요.

"저요! 저요! 제가 풀게요."

광무는 엉덩이를 번쩍 쳐들며 소리쳤어요.

끼이익~. 그 바람에 뒤에 있는 책상이 밀렸어요. 선생님이 살짝 눈을 찡그렸어요.

"소리 지르지 말고, 그냥 조용히 앉아서 손만 들어요."

선생님은 다른 아이를 시켰어요. 그 아이는 몇 번을 고치고 나서야 겨우 풀었어요.

'에이! 나라면 한 번에 풀었을 텐데…….'

광무는 입맛을 다셨어요.

광무는 1학년 때처럼 선생님께 귀여움을 받고 싶었어요. 듬직이, 씩씩이, 대장, 일꾼, 튼튼이……. 모두 그때 선생님이 지어준 별명들이에요.

광무는 수업 시간 내내 기회를 엿보았어요. 선생님의 눈에

들 기회를요.

수업이 끝나자, 칠판 가득 하얀 꽃이 피었어요. 이렇게 좋은 기회를 놓칠 수는 없지요.

"선생님! 제가 칠판 지울게요."

광무는 얼른 칠판 앞으로 갔어요. 너무 급히 나가느라 앞자리 책상에 엉덩이가 부딪쳤어요. 그 바람에 책이 떨어졌지만 모르는 척했어요. 그 사이에 다른 아이에게 기회를 빼앗기면 안 되니까요.

칠판 위쪽은 손이 닿지 않았어요. 광무는 펄쩍펄쩍 뛰며 칠판을 닦았어요. 교실 바닥이 쿵쿵 울리고 분필 가루가 풀풀 날렸어요.

"광무야! 운동 열심히 해서 키 좀 더 커야겠네. 선생님이 지울게. 그냥 둬."

광무는 할 수 없이 자리로 들어왔어요.

"쌤통이다. 선생님께 잘 보이려고 알랑방귀 뀌더니!"

뒷자리의 용대가 약 올렸어요.

"누가 알랑방귀를 뀌었다고 그래?"

"똥보, 넌 가만히 좀 있어!"

"뭐라고? 내가 뚱뚱해서 너한테 피해 준 거라도 있어?"

"있지. 네 코끼리 엉덩이 때문에 책상이 밀려서 난 만날 쥐포 되거든?"

우하하하! 용대 말에 구경하던 아이들이 웃었어요. 광무는 반 아이들이 모두 용대 편인 것 같아 기분이 나빴어요.

"내 엉덩이가 왜 코끼리 엉덩이야?"

그때 갑자기 앞자리의 기훈이가 끼어들었어요.

"코끼리 엉덩이 맞아. 넌 남의 책을 떨어뜨리고 올려놓지도 않고 가냐?"

둘이서 덤비니까 갑자기 눈물이 나오려는 걸 광무는 꾹 참았어요.
오늘 하루, 정말 되는 일이 없어요. 이게 다 추리닝 때문인 것 같아요.

추리닝 싫어!!!

 광무는 현관문을 열었어요. 오늘도 입 큰 괴물이 입을 쩍 벌리고 노려보고 있어요. 광무는 얼른 주방으로 가 냉장고 문을 열었어요. 먹다 남은 피자 두 조각이 있었어요. 어제 먹다가 배가 아파서 남긴 거예요.

 광무는 피자를 전자레인지에 데워 먹었어요. 그리고 콜라를 병째 들고 벌컥벌컥 마셨어요. 끄으윽~. 속에서 트림이 났어요. 트림을 하니 뱃속이 텅 빈 항아리처럼 느껴졌어요.

 이번에는 요구르트를 마셨어요. 요구르트를 처음 만든 사람은 위가 참새처럼 작은 게 분명해요. 그러니까 요렇게 작게 만들었지요.

이제 냉장고 안에 먹을 게 없어요. 과자를 두는 곳도 텅텅 비었고요. 그때 마침 광무를 구해 줄 수호천사가 보였어요. 바로 라면 한 봉지.

〈생라면을 맛있게 먹는 3단계〉

이때 3단계 흔들기가 제일 중요해요. 스프가 골고루 섞이게 잘 흔들어 줘야 하거든요. 만약 생라면 맛있게 먹기 대회가 있다면 광무는 금메달을 딸 거예요.

라면을 먹고 나니 혀가 얼얼했어요. 광무는 남은 콜라를 다 마셨어요. 속이 차니까 그제야 입 큰 괴물이 입을 다물었어요.

광무가 그 괴물을 처음 본 건 작년 이맘때였어요. 엄마는 광무가 입학하면서부터 회사에 다시 나가게 되었어요.

광무가 학교에서 돌아와 문을 열었을 때, 엄마가 없는 빈 집은 운동장처럼 넓어 보였어요. 광무는 가슴이 콩알만큼 작아져 집안을 둘러보았어요. 그런데 입이 아주 큰 괴물이 입을 쩍 벌리고 있지 뭐예요. 그 괴물은 거실에서 안방, 주방, 화장실로 광무만 졸졸 따라다녔어요.

광무는 괴물이 무서워 이것저것 다 먹어 치웠어요. 그랬더니 신기하게도 괴물은 입을 꽉 다물었어요. 그때부터 광무는 닥치는 대로 먹는 버릇이 생겼어요.

배가 부르자, 광무는 소파에 비스듬히 누워 텔레비전을 켰어요. 텔레비전을 보다가 어느새 잠이 들고 말았어요.

따르르르, 따르르르, 따르르르…….

광무는 겨우 수화기를 들었어요.

"너 또 먹고 잤지? 그러니까 자꾸 살이 찌지. 얼른 일어나서 영어 학원 갔다 와."

"엄마, 나 바지 사 줘. 추리닝 다시는 안 입어. 애들이 코끼리 엉덩이라고 놀린단……."

광무는 학교에서의 일이 떠올라 눈물이 울컥 나오려는 걸 참았어요.

"뭐? 코끼리 엉덩이? 그러니까 누가 그렇게 살이 찌래? 알았어. 이따 끝나면 전화할게."

광무는 새 바지를 살 생각에 잠이 번쩍 깼어요.

'붐붐 형이 입은 것 같은 멋진 바지 사야지.'

광무가 좋아하는 가수, 붐붐은 노래면 노래, 춤이면 춤, 못하는 게 없어요. 붐붐 형이 자주 입는 청바지에는 반짝반짝 빛

나는 쇠줄이 달려 있는데, 얼마나 멋있는지 몰라요.

"이거 사면 또 금방 못 입는단 말이야."
"아니야, 이것 봐. 넉넉하잖아."
광무는 힘을 주어 배를 쑥 들이밀었어요. 붐붐 형 바지와 비슷한 바지를 찾아냈을 때 얼마나 기뻤는데요. 하늘이 두 쪽 나도 꼭 사고 말 거예요.
"이걸로 사. 이 바지가 엉덩이에 끼지도 않고 편해."
엄마는 우중충한 군복 색깔 바지를 내밀었어요.
"누나도 이게 더 잘 어울리는 것 같은데. 청바지보다 덜 뚱뚱해 보이고."
옷가게 누나도 엄마 편을 들었어요. 눈이 개구리처럼 튀어나온 누나예요. 남자처럼 안 어울리게 옷을 입은 누나의 눈을 믿을 수는 없지요.
"난 이 바지 살 거야. 꼭!"
광무는 쇠사슬이 달린 청바지를 꽉 움켜 안았어요. 이 바지

만 입으면 너무 멋져 보여서 선생님과 반 친구들이 다 쓰러질지 몰라요. 왠지 청바지가 마법을 부려줄 것만 같았어요.

엄마는 광무의 고집에 두 손을 들었어요.

"좋아, 대신 오래 입어야 돼. 또 작아지면 알아서 해!"

그깟 엄마의 잔소리쯤은 음악처럼 들려요.

야호! 마법의 청바지가 나가신다! 두두둥, 짜잔!

'똥광'이라고 하지 마

학교 가는 길 위에 구름송이가 깔린 걸까요? 광무는 몸이 둥둥실 떠 있는 것 같았어요. 걸을 때마다 쇠줄이 짤랑거리며 장단을 맞추었어요. 바지가 끼어 좀 불편했지만 멋지게 보인다면 그것쯤이야……. 붕대를 칭칭 감으라고 해도 할 수 있는걸요.

교실에서 용대와 제일 먼저 눈이 마주쳤어요. 광무는 씩 웃어 주었어요. 어제 일은 이미 지난 일이니까요. 광무는 뒤끝이 없거든요. 게다가 오늘은 멋진 새 바지를 입은 첫날인걸요.

광무는 일부러 쇠줄을 손으로 만지작거리며 걸었어요. 금메

달을 목에 건 선수처럼 당당하게요.

"히히히! 저 코끼리 엉덩이 좀 봐. 터지겠어. 야, 뚱광! 돼지 목에 진주 목걸이 같다."

용대가 놀리며 히죽거렸어요. 광무는 용대에게 화를 내려다 말았어요. 광무의 새 바지가 샘나서 그러는 걸 테니까요.

광무는 틈만 나면 자리에서 일어날 궁리를 했어요. 친구들 자리마다 돌아다니기, 공부 시간에 무조건 일어나서 발표하기……. 선생님과 친구들에게 멋진 청바지를 자랑하고 싶었거든요.

그런데 추리닝의 저주가 아직 남은 걸까요? 광무는 하루 종일 선생님께 꾸중만 들었어요.

"광무야! 가만히 좀 자리에 앉아 있어. 여기저기 돌아다니지 말고."

"잘 생각해 보고 발표해요. 생각나는 대로 아무거나 대답하지 말고."

광무가 듣고 싶은 건 청바지가 멋있다는 말이었어요. 그런데 아무도 그 말을 해주지 않았어요. 속으로는 그렇게 생각해도 샘이 나서 안 하는 거겠지요? 광무는 속으로 다짐했어요. 앞으로 멋져 보이는 친구가 있으면 꼭 말해 주겠다고요.

　수업이 다 끝날 무렵, 청바지가 드디어 마법을 부리기 시작했어요.

　"내일부터 우유 급식을 시작하는데 우유 당번 할 사람?"

　광무는 손을 번쩍 들었어요. '저요! 저요!' 소리 지르며 엉덩이를 들고 싶었지만 꾹 참았어요. 그러면 선생님과 용대가 또 눈총을 줄 테니까요. 대신 천장에 닿을 만큼 높이 손을 들었어요.

　선생님은 손을 든 남자 아이 네 명에게 가위바위보를 하라고 했어요. 두 명이 가위를 내고 광무와 한 아이만 주먹을 냈어요. 둘이서 다시 가위바위보를 하기 전에 광무는 청바지의 쇠줄을 쓱 문질렀어요.

　야호! 드디어 쇠줄의 마법이 통했어요.

광무가 이긴 거예요. 새 청바지의 마법은 거기에서 끝나지 않았어요.

"한 사람 더 있어야 하는데 여자 중에 할 사람? 남자끼리 하면 장난쳐서 안 돼요."

광무는 청바지의 쇠줄을 또 문질렀어요.

'제발 마음에 드는 여자 아이가 걸리게 해주세요.'

이번에도 청바지의 마법이 금방 통했어요. 여자 두 명이 손

을 들었는데 가위바위보에서 예진이가 이긴 거예요. 예진이는 발표도 잘하고, 얼굴도 귀엽고, 마음씨도 매우 착했어요. 광무는 고맙다는 인사로 쇠줄을 부드럽게 쓰다듬어 주었어요.

"야, 똥광!"

가방을 메고 교실을 나서는데 용대가 불렀어요.

'아까는 뚱광이라고 하더니······.'

광무는 뚱광도 싫고, 똥광도 마음에 들지 않았어요.

"내가 왜 똥광이야?"

"뚱광에서 똥광으로 업그레이드 좀 시켰지. 어때, 마음에 들어?"

"마음에 들겠지. 똥광이 얼마나 좋은 건데! 히히히!"

용대와 찰떡처럼 붙어 다니는 기훈이가 히죽거렸어요.

"똥광! 너 또 선생님한테 잘 보이려고 우유 당번 한다고 했지? 넌 나서는 게 취미야?"

"남이야 나서든 말든. 그리고 똥광이라고 부르지 마! 기분 나빠."

"왜 기분이 나빠? 똥광이 얼마나 좋은 건데!"

기훈이가 또 끼어들었어요.

광무도 똥광이 좋다는 걸 알아요. 시골에 가면 할머니와 자주 화투 놀이를 하거든요. 할머니는 화투 놀이를 무척 좋아해요. 광무에게 용돈을 주면서까지 같이 치자고 할 정도로요.

검은색 나뭇잎에 빨간 새 머리가 그려진 똥광. 화투 놀이 할 땐 좋아도 별명이 똥광인 건 싫었어요. 삼겹살을 아무리 좋아해도 별명이 삼겹살이라면 기분 좋겠어요?

광무는 녀석들을 피해 뛰었어요.

"지진 났나 봐. 갑자기 땅이 울려."

"야, 똥광! 내일은 네 코끼리 엉덩이 해방 좀 시켜 줘. 바지에 끼어서 터지겠다."

뒤에서 기훈이와 용대의 목소리가 들렸어요.

'순간 이동으로 집까지 갔으면……. 세상에 그런 기계는 없는 걸까?'

광무는 속으로 생각하면서 달렸어요.

광무는 냉장고 문을 열려다 멈칫 했어요. 멋진 청바지가 금방 작아질까 봐 걱정이 되어서였지요.

'냉장고 문을 열어 보기만 하고 닫아야지.'

하지만 광무는 도저히 참을 수 없었어요. 비엔나 소시지, 빵, 방울토마토, 아이스크림…….

'이것만 먹고 다음부터는 안 먹어야지.'

광무는 하나도 남김없이 싹 먹어 치웠어요.

"광무야! 미안해. 엄마 오늘 회식이니까 자장면 시켜 먹어. 아빠도 늦게 들어가신대."

"알았어. 대신 올 때 치킨 사 와."

광무는 미안해 하는 엄마에게 너그럽게 말했어요. 워낙 자장면을 좋아하니까요. 밤에 혼자 있는 게 무섭긴 하지만 방법이 있어요. 방마다 불을 다 켜놓고, 텔레비전을 크게 틀어놓고, 맛있는 걸 계속 먹으면 돼요.

엄마는 약속대로 치킨을 사 왔어요. 그런데 한 손에는 체중

계가 들려 있었어요.

"몸무게 먼저 재 보고."

"치킨 먼저 먹고."

광무는 엄마와 실랑이를 벌였어요. 몸무게를 보면 치킨 맛이 떨어질 수 있으니까요.

광무가 엄마를 이겼어요. 두어 조각을 뺀 치킨 한 마리와 덤으로 가져온 사이다를 다 먹고 나니 기분이 좋았어요. 원망스러운 체중계에 올라가기 전까지는요.

"어머머머! 내 몸무게와 비슷해지려고 하네. 말도 안 돼."

광무의 몸무게를 보고 엄마의 두 눈이 왕사탕만 해졌어요.

"이제부터 간식 금지야. 밤에 치킨 사 오란다고 척척 사다 준 내가 잘못이지."

광무는 좋았던 기분이 한순간에 팍 깨졌어요. 혀로 천천히 입술을 핥으며 다시 느껴 보는 치킨의 뒷맛. 그 깨소금 같은 맛을 싹 빼앗겨 버렸어요.

둘째 시간을 마치는 종이 울렸어요. 예진이와 둘이서 우유 바구니를 가져 오는 시간이에요. 광무가 하루 중에 제일 좋아하는 시간이지요. 광무는 예진이와 나란히 걷는 게 정말 좋았어요.

"예진아! 내가 수수께끼 낼 테니 맞혀 봐. 왕이 넘어지는 걸 뭐라고 하게?"

"응? 왕이 넘어지면? ……몰라. 뭐라고 하는데?"

"킹콩!"

"킹콩? 아아! 왕이 콩 하고 넘어졌다고? 호호호호!"

"또 낼게. 신사가 자기 소개를 어떻게 할까?"

"잠깐만! 이번엔 맞힐 거야. 음…… 아휴! 모르겠어."

"신사임당!"

예진이는 고개를 뒤로 젖히며 까르르 웃었어요. 예진이가 웃는 걸 보니 광무는 기분이 무척 좋았어요.

"마지막으로 한 개 더! 돼지 방귀로 만든 음식은?"

"으윽! 더러워. 돼지 방귀로 만든 음식? 그게 뭔데?"

"돈가스!"

"아하! 답을 알고 나면 쉬운데……."

예진이는

아깝다는 표정을 지었어요.

　교실 가까이 왔을 때 예진이가 물었어요.

"광무야! 넌 똥광이란 별명이 좋니?"

"아니, 싫어."

"그럼 살 빼면 애들이 그렇게 안 부를 거 아냐."

"저기……. 너도 내가 뚱뚱해서 싫어?"

광무는 머뭇거리다 물었어요.

"아니, 그런 건 아닌데……. 날씬하면 더 좋지."

　날씬하면 더 좋다고요? 그건 뚱뚱한 걸 싫어한다는 것과 마찬가지잖아요. 가볍던 우유 바구니가 갑자기 무거워졌어요.

　광무는 냉장고 문을 열었어요. 우유 말고는 먹을 게 없었어요. 엄마가 광무의 몸무게 관리에 들어간 거예요. 광무는 할 수 없이 밍밍한 우유를 마셨어요.

　입 큰 괴물이 입을 다물지 않고 계속 노려봤어요. 이럴 땐 텔레비전도 이 무시무시한 괴물을 물리칠 수 없어요. 광무의 배가 꽉 차야만 입을 다물거든요.
　광무는 컴퓨터를 켜고 비밀번호 3482를 눌렀어요. 아빠가 전에 타던 차 번호예요. 엄마와 아빠는 광무가 비밀번호를 아는지 꿈에도 몰라요.
　전화번호, 엄마 아빠 주민등록번호,

아파트 호수, 차 번호……. 얼마 전, 광무는 이것저것 다 눌러 보았어요. 그러다 문득 예전의 차 번호를 눌렀지요.

부드러운 신호음과 함께 파란 바탕화면이 커질 때의 기분이란……. 잠자는 숲속의 공주가 입맞춤에 반짝 눈을 떴을 때, 왕자의 기분이 이랬을까요? 아니면 어렵게 열쇠를 찾아 보물 상자를 열었을 때의 기분이 이랬을까요? 아무튼 그때의 기분은 말로 다 표현할 수 없었어요.

게임을 하려고 인터넷에 접속을 했어요.

'여자 연예인 회충으로 살 빼…….'

광무는 이상한 제목을 보고 얼른 클릭을 했어요.

연예인들이 살을 빼려고 일부러 몸속에 회충을

키운다는 내용이었어요. 우웩! 다른 때 같으면 아마 이렇게 했을 거예요. 그런데 두 눈이 번쩍 떠졌어요.

오늘 선생님이 끝날 때 칠판에 써 주셨던 게 생각났거든요.

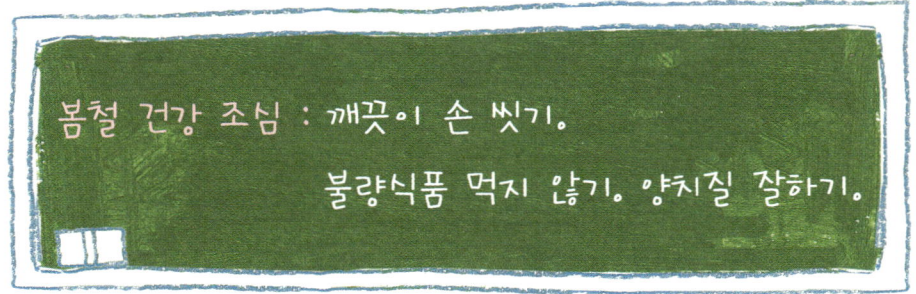

봄철 건강 조심 : 깨끗이 손 씻기.
불량식품 먹지 않기. 양치질 잘하기.

모두 거꾸로 하면 뱃속에 회충이 생기겠지요? 그러면 뱃속에 들어오는 영양분을 다 먹어버리겠고요. 히히히! 그렇게 되면 맘껏 먹으면서도 살을 뺄 수 있겠지요?

광무는 예진이에게 날씬한 모습을 보여주기로 결심했어요. 그러기 위해 우선 컴퓨터를 한 다음에 손가락을 빨았어요. 컴퓨터 자판에 세균이 많다는 얘기를 들은 적이 있거든요. 손가락에서 찝찔한 맛이 났어요. 기분이 찜찜했지만 꾹 참았어요. 먹고 싶은 걸 참는 것보다는 백 배, 아니 천 배는 쉬우니까요.

회충으로 살 빼기

몸 안에 회충 키우기! 작전을 실행하고 꼭 삼 일 만에 탈이 났어요. 화장실만 가면 설사가 물처럼 좌르륵 쏟아졌어요.

그동안 작전 규칙을 빈틈없이 지켰거든요. 화장실에 갔다 와서 손 안 씻기, 손 안 씻고 밥 먹기, 저녁 때 양치질 건너뛰기, 남 몰래 콧구멍 후비기, 손가락 빨기……. 그렇다고 콧구멍을 후빈 다음에 바로 손가락을 빤 건 절대 아니에요. '죽을 때까지 치킨 안 먹기'를 걸고 맹세할 수도 있어요.

약을 먹고 설사가 겨우 가라앉았어요. 설사 덕분에 몸무게

가 1킬로그램 줄었어요.

'몸무게를 좀 더 줄일 수도 있었는데…….'

광무는 설사가 멎은 게 좀 아쉬웠어요.

저녁 때 아빠가 회충약을 사 오셨어요. 광무네는 언제나 봄과 가을이 회충약과 함께 찾아와요. 봄, 가을이 되면 아빠가 어김없이 회충약을 사 오시거든요.

"자, 이거 먹어. 그리고 손 깨끗이 씻고."

광무는 회충약을 몰래 주머니에 넣었어요. 그리고 약을 먹는 시늉만 했어요. 얼마나 어렵게 키운 회충들인데 이렇게 쉽게 죽일 수는 없지요.

'몸무게가 10킬로그램만 빠진다면……. 히히히!'

그러면 애들이 똥광이라고 놀리지 않겠지요. 예진이도 지금보다 더 다정해질지 몰라요.

광무는 회충약을 변기 안에 버리고 물을 내렸어요. 아빠한테 미안한 마음이 들었지만 어쩔 수 없었어요. 아빠도 아들이 놀림받는 걸 원하지 않을 테니 이해해 줄 거예요.

"꿈틀아! 너희들만 믿는다."

광무는 배를 문지르며 말했어요.

저녁밥을 너무 많이 먹었나 봐요. 자꾸 하품이 나오며 졸렸어요.

'잠깐만 누워 있다 숙제해야지.'

예진이의 생일날, 광무는 선물로 예쁜 필통을 샀어요. 생일잔치 장소는 햄버거 집이에요. 예진이는 먹고 싶은 만큼 얼마든지 주문을 하라고 했어요. 광무는 보통 햄버거보다 몇 배나 큰 점보 버거 한 개, 감자튀김, 치킨 몇 조각, 치즈스틱, 콜라를 시켰어요. 뱃속에 꿈틀이들이 잔뜩 있으니까 걱정 없어요.

광무는 탁자 위의 음식들을 하나씩 먹기 시작했어요. 예진이의 눈이 동그래졌어요.

"광무야! 천천히 먹어. 킹왕수퍼뚱땡이 되면 어쩌려고?"

"걱정 마! 내 뱃속에 있는 꿈틀이들이 해결해 줄 거야."

뱃속의 꿈틀이들이 드디어 움직이기 시작했어요. 꿈틀이들

은 식당 수족관에서 본 뱀장어만큼이나 컸어요. 꿈틀이들이 뱃속에 들어온 걸 금방 먹어치웠어요. 광무는 날아갈 듯이 기뻤어요. 그런데 뱃속에 들어온 걸 싹 해치우고도 성에 차지 않았는지 꿈틀이들이 광무의 살을 베어 먹기 시작했어요.

"이제 그만!"

딱 보기 좋게 살이 빠졌을 때 광무는 명령을 내렸어요. 그러나 꿈틀이들은 멈추지 않았어요. 광무는 점점 말라깽이가 되었어요.

"됐다니까! 이제 그만 하라고!"

꿈틀이들은 광무의 말에 아랑곳하지 않았어요. 광무의 몸은 거의 뼈만 남아 사마귀처럼 되었어요.

"제발! 그만! 그만 좀 해! 제발……."

광무는 소리를 지르다 눈을 떴어요. 꿈이었어요.

재빨리 침대에서 일어나 몸을 살펴보았어요. 다행히도 살이 그대로 붙어 있었어요.

회충약을 버린 지 일주일쯤 지났어요. 광무는 학교에서부터 항문이 참을 수 없을 만큼 가려웠어요. 개미 백 마리가 항문 주변을 막 기어 다니는 것 같았어요.

"엄마! 똥구멍이 너무 가려워."

광무는 울며 엄마에게 전화를 했어요.

"뭐? 얼마 전에 회충약도 먹었는데 왜 그러지?"

"엄마가 잠깐 나갈 테니까 '튼튼 소아과' 앞에서 30분 뒤에 만나."

광무는 엄마를 만나 병원으로 갔어요. 의사 선생님은 항문에 테이프를 붙였다 뗐어요.

검사 결과를 보고 의사 선생님이 광무에게 말했어요.

"광무는 손을 깨끗이 안 씻는구나? 벌레가 있어서 항문이 가려운 거야. 손을 깨끗이 씻어야 돼. 안 그러면 계속 가렵고 벌레가 영양분을 다 빼앗아 먹어서 키도 안 커."

"며칠 전에 회충약도 먹였는데 이상하네요."

엄마는 고개를 갸웃했어요. 광무는 키가 안 큰다는 말에 겁이 더럭 났어요. 항문이 계속 가렵다는 말도 끔찍해요. 긁을

수도 없고, 꼬집을 수도 없어 얼마나 괴롭다고요.
광무는 겁이 나서 솔직하게 털어놓았어요.
"저 사실은…… 회충약 안 먹고 버렸어요."
"뭐? 약을 버렸다고? 아니, 왜?"

엄마의 눈이 휘둥그레졌어요.

"뱃속에 회충이 있으면…… 살이 빠진다고 해서요."

"어머머머! 어디서 그런……. 세상에! 기가 막혀!"

엄마는 벌어진 입을 다물지 못했어요.

의사 선생님이 무서운 얼굴로 말했어요.

"그건 아주 무식한 짓이야. 그러다 큰 병이 생길 수도 있고 잘못하면 죽을 수도 있어. 살 빼려면 운동을 해야지. 햄버거, 피자 같은 것도 먹지 말고. 앞으로는 절대로 그런 짓 하면 안 돼. 알겠지?"

"네."

광무는 고개도 들지 못한 채 대답했어요.

엄마는 병원을 나오며 손으로 머리를 짚었어요.

"아휴! 머리 아파! 너, 그런 말도 안 되는 소리 어디서 들었어?"

광무는 몰래 컴퓨터 비밀번호를 알아낸 걸 솔직하게 털어놓았어요.

"어머나! 말도 안 돼."

엄마는 놀라 어쩔 줄 몰랐어요. 그러다 갑자기 광무를 쏘아보면서 목소리를 높였어요.

"너, 한 달 동안 컴퓨터 게임 금지야. 그리고 회충이니 뭐니 또 그런 짓 하기만 해봐!"

회충약으로 살 빼기 작전은 이렇게 끝이 나버렸어요.

이제 어떻게 살을 빼지요?

골키퍼가 최고야

　5월에 있을 체육대회 준비가 한창이었어요.

　남자들은 축구, 여자들은 단체 줄넘기에 제일 열심이었어요. 쉬는 시간마다 땀을 뻘뻘 흘리며 연습을 했지요.

　광무는 골키퍼를 맡았어요. 처음에는 마른 애가 골키퍼였는데 번번이 공을 놓쳤어요. 그러자 선생님이 광무를 시켰어요. 몸집이 커서 유리할 거라면서요.

　선생님의 판단이 딱 맞았어요. 광무의 뚱뚱한 몸이 좋은 방패가 되었거든요.

체육대회가 열리기 이틀 전, 준결승 날이에요.

광무는 스타가 되었어요. 골을 네 번이나 막았거든요. 그냥 서 있기만 했는데도 공이 몸에 맞고 튀어나갔지요.

"조광무 파이팅!"

아이들이 모두 광무의 이름을 부르며 응원을 했어요.

2대 0으로 승리! 그런데 스타는 골을 넣은 용대가 아니라, 광무였어요.

시합이 끝나자 용대가 한 마디 했어요.

"야, 조광무! 제법인데!"

용대가 웬일로 '똥광'이란 별명 대신 이름을 불렀어요.

"광무야! 체육대회 때도 오늘같이만 해줘라."

선생님도 광무의 어깨를 두드리며 칭찬해 주었어요.

광무는 용대와 선생님의 칭찬에 기분이 무척 좋았어요. 그래도 가장 기분 좋은 건 예진이의 칭찬이었어요.

"광무야! 너 오늘 정말 멋있더라."

예진이는 방긋 웃었어요. 야호~! 오늘 기분 최고예요. 꽃 백

송이, 달콤한 사탕 백 개, 향기 좋은 껌 백 개를 다 합치면 이렇게 좋은 기분을 만들 수 있을까요?

드디어 학년별 체육대회 날이 밝았어요.
엄마는 휴가를 얻어 아침 일찍부터 도시락을 준비했어요. 김밥과 과일, 그리고 그동안 금지시켰던 치킨도요. 광무가 달력에 동그라미를 치고 커다랗게 써놓았거든요. '치킨

먹는 날'이라고요.

"엄마! 천재 골키퍼 실력 잘 봐, 내가 몇 골 막나. 알았지?"

광무는 엄마한테 큰소리를 쳤어요.

"알았어. 멋진 모습 보여줘! 우리 아들, 파이팅!"

엄마는 두 손을 부딪치며 응원해 주었어요.

광무네 반은 성적이 매우 좋았어요. 여자들은 긴 줄넘기를 열네 번이나 해서 1등을 했어요. 여자애들은 마치 올림픽에서 금메달을 딴 듯이 부둥켜안고 울었어요. 이어달리기와 줄다리기는 2등, 축구 시합만 이기면 2학년 전체에서 1등이에요. 선생님이 1등을 하면 아이스크림을 사 준다고 하셨어요.

드디어 축구 시합 시간이 되었어요. 두 반 사이에 응원전이 불붙었어요. 엄마들까지 두 팔 걷어붙이고 나섰거든요.

호루룩! 시합이 시작되었어요. 공이 가까이 올 때마다 광무는 달달 떨렸어요. 그런데 다행히 공을 두 개나 막았어요. 하나는 다리에, 하나는 몸통에 맞았지요. 그런데 그만 한 개를 놓치고 말았어요. 공이 쏜살같이 구석으로 날아가는 바람에 어쩔 수 없었어요.

"괜찮아! 조광무 파이팅!"

"우리 아들 파이팅!"

친구들과 엄마가 응원을 보내줬어요.

광무는 공에서 눈을 떼지 않았어요. 엄마와 친구들의 응원에 보답하고 싶었거든요.

한 골이 들어가고 얼마 지나지 않을 때였어요. 용대가 공을 몰고 달려가 그물 안으로 차 넣었어요. 광무네 반 아이들과 엄마들의 함성이 운동장을 뒤흔들었어요. 광무도 함께 만세를 불렀어요.

이제 시간이 얼마 남지 않았어요. 점수는 1대 1. 이대로 끝나면 승부차기를 해야 돼요.

'제발 승부차기를 하지 않게 해주세요.'

기도가 끝나자마자, 노랑머리를 한 상대편 선수가 공을 몰고 달려왔어요. 광무는 몸이 덜덜 떨렸어요. 노랑머리가 공을 찼어요. 그런데 빗맞아 공이 데굴데굴 천천히 굴렀어요. 공이

골대 구석 쪽으로 가자, 노랑머리는 머리를 움켜쥐었어요. 공이 잡혔다고 생각하는 것 같았어요.

모두의 눈길이 광무에게 꽂혔어요. 광무는 얼른 공을 잡고 싶었어요. 그런데 웬일인지 둔한 몸이 말을 듣지 않았어요. 광무는 마음이 급해 발을 옆으로 쭉 내밀었어요. 하지만 공은 어이없게도 광무의 다리 사이로 데굴데굴 굴러갔어요.

"우와!"

"으악!"

좋아서 지르는 함성 소리, 놀라서 지르는 비명 소리, 두 소리가 섞여 운동장을 메웠어요.

광무를 향한 원망이 총알처럼 쏟아졌어요.

"야, 코끼리! 너 피구하냐?"

"어떻게 기어오는 공을 놓쳐? 그런 공은 굼벵이도 잡겠다."

"너 때문에 우리 반 망했어. 네가 책임져!"

광무는 입이 열 개라도 할 말이 없었어요.

"꼴 먹는 하마! 넌 쟤네들이랑 피구나 해라."

용대가 여자애들을 가리키며 비아냥거렸어요.

"네가 우리 반이라는 게 창피하다, 창피해!"

기훈이도 한마디 했어요.

"조광무! 실망이야! 그러니까 내가 살 좀 빼랬잖아."

거기에 예진이의 아픈 말까지 보태지자, 광무는 지구 밖으로 사라지고 싶었어요.

"엄마, 학교 가기 싫어."

"학교 가기가 싫다니? 갑자기 뚱딴지같이 무슨 소리야? 학교에서 무슨 일 있었어?"

엄마는 바쁘게 화장을 하면서 물었어요.

"애들이 자꾸 뚱광이라고 하고, 하마, 코끼리라고 놀린단 말이야."

"그러니까 엄마가 평소에 몸매 관리 좀 하랬지? 많이 먹지 말고 운동 좀 하라고."

"몰라! 학교 안 갈 거야!"

"학교 다닐 땐 다 별명 불러. 아빠도 어렸을 때 별명이 오리 궁둥이였대. 지나고 나면 아무렇지도 않아. 그러니까 엄마 말 듣고 얼른 준비해서 학교 가. 엄마 오늘 일찍 출근해야 돼."

엄마는 가방을 들고 나서며 말했어요.

"정말 학교 가기 싫단 말이야!"

"얘가 정말 왜 이래? 얼른 학교 가! 알았지?"

엄마는 눈을 부릅뜨고 말한 뒤 나갔어요.

광무는 닫힌 문을 바라보며 멍하니 서 있었어요. 그리고 결심했어요.

'집을 나가 버릴 거야!'

학교를 가지 않으려면 이 방법밖에 없어요.

'엄마는 내 마음을 너무 몰라. 내가 없어져야 내 마음을 알아주겠지.'

광무는 엄마한테 편지를 썼어요.

엄마! 미워.
애들이 뚱보라고 놀려서 학교 가기
싫은데 자꾸만 가라고 하고.
엄마도 내가 뚱보라서 밉지?
열 밤도 넘게 집에 안 들어올
거고, 열 밤도 넘게 학교도
안 갈 거야. 그러니깐
날 찾지 마.
— 광무가

광무는 냉장고 안에서 먹을 걸 꺼냈어요. 요구르트 한 줄, 우유 한 개, 바나나 두 개, 그리고 냉동실에서 초코파이 한 개, 엄마가 수납장에 감춰 놓은 라면도 한 개 찾아냈어요. 그리고는 모두 가방 안에 넣었어요.

광무는 가방을 메고 얼마쯤 학교 쪽으로 걸었어요. 처음부터 엉뚱한 방향으로 가면 이상하잖아요. 광무는 자전거 도로로 가려다 그냥 둑 위를 걸었어요. 동네 어른을 만나기라도 하면 큰일이니까요.

한참 둑을 따라 걷는데 둑 바깥쪽으로 고물상 집이 보였어요. 마당에 산더미처럼 쌓인 오래된 냉장고, 선풍기, 못쓰게 된 농기구……. 고철더미들이 둑 쪽 담장 너머까지 쌓여 있었어요. 그중엔 칠이 벗겨지고 녹이 슨 보트도 있었어요. 앞쪽에 운전대와 투명 가림막까지 있는 보트예요. 야호! 이런 것을 발견하다니! 광무는 펄쩍펄쩍 뛰고 싶을 정도로 기분이 좋아졌어요.

저 멀리 학교와 광무네 아파트가 보였어요. 얼마 뒤면 수업이 시작되겠지요. 그러나 이젠 광무와 상관없어요.

광무는 보트 안에 앉아 먹을 것들을 꺼내 놓았어요. 열 밤을 보내려면 아껴 먹어야 돼요.

시간이 좀 지나니까 심심했어요.

'이럴 때 게임기라도 있으면 정말 좋을 텐데……'

광무는 가방에서 색종이를 꺼내 비행기와 배를 만들었어요. 종이비행기를 날리다 요구르트를 하나 마셨어요. 그리고 조금 망설이다가 바나나를 먹었어요. 바나나를 먹으니까 목이 말라 요구르트를 한 개 더 마셨어요. 그래도 세 개나 남았으니까 괜찮아요.

'우유는 오래 두면 상하는데……'

광무는 조금 있다 우유를 마셨어요. 상하면 아깝잖아요. 이제 요구르트 세 개, 바나나 한 개, 라면 한 개, 초코파이 한 개밖에 남지 않았어요. 광무는 먹을 것들을 다시 가방 안에 넣어 보트 뒤쪽에 놓았어요.

뽕!

보트에 기대 앉아 하늘을 보고 있는데 방귀가 나왔어요.

"심심한데 끝말잇기나 할까? 방구, 구두, 두부, 부엉이, 이불, 불, 음, 불똥, 똥꼬, 꼬마, 마술, 술래, 래, 래…… 없네."

광무는 금방 또 심심해졌어요. 엄마 아빠도 보고 싶었어요.

'엄마 아빠로 사행시 지어 볼까?'

"엄- 음, 엄마는, 마- 마덜, 아- 아빠는, 빠- 빠덜. 히히히! 예진이한테 자랑해야지. 그런데 열 밤이 지나야겠네?"

광무는 심심하니까 자꾸 배가 고픈 것 같았어요.

"딱 하나만 더 먹고 안 먹어야지."

광무는 초코파이를 꺼내 먹었어요. 그런데 초콜릿이 이에 껴서 요구르트도 먹었어요.

한 시간쯤 지났을까요? 광무의 가방엔 먹을 게 하나도 남지

않았어요. 먹을 게 없으니까 갑자기 무서운 생각이 들었어요. 어디선가 무서운 괴물이 튀어 나올 것만 같았어요.

'안 되겠어. 집에 가서 돼지 저금통을 가져와야지.'

광무는 가방을 메고 일어섰어요.

광무가 다리 가까이 왔을 때였어요.

"광무야!"

엄마가 다리 건너편에서 헐레벌떡 달려왔어요.

"지금까지 어디 있었어? 얼마나 걱정한 줄 알아? 엄마가 잘못했어. 엄마가 우리 아들을 왜 미워해? 얼마나 사랑하는데……."

엄마는 광무를 끌어안으며 어린애처럼 엉엉 울었어요. 광무도 울음이 터져 나왔어요.

엄마는 흐느끼는 소리로 선생님에게 전화를 했어요.

"선생님! 광무 찾았어요. 오늘은 그냥 집에서 쉬게 할게요."

만세! 오늘 학교에 안 가도 된대요.

"광무야! 오늘부터 엄마와 함께 뚱보 탈출 작전에 들어가는 거야. 알았지?"

엄마는 점심으로 된장찌개를 보글보글 끓이며 말했어요.

"엄마! 회사 안 가도 돼? 엄마 있으니까 입 큰 괴물이 꼼짝도 못하네."

"응. 오후에 나간다고 얘기해 놓았어. 그런데 입 큰 괴물이라니?"

"내가 학교 갔다 집에 들어오면 입 큰 괴물이 입을 쩍 벌리고 있거든. 하지만 배가 많이 부르면 입을 다물어. 진짜야."

엄마의 눈에 눈물이 그렁그렁 맺혔어요. 엄마는 광무를 꼭 안아 주었어요.

"광무야! 미안해. 엄마 없는 집에 들어올 때마다 무서웠구나? 이제 걱정 마. 엄마는 입 큰 괴물이 뭘 무서워하는지 알고 있거든."

"정말? 뭘 무서워하는데?"

"입 큰 괴물은 엄마 냄새를 제일 무서워해."

"엄마 냄새?"

"응. 엄마가 직접 만든 간식에서는 엄마 냄새가 나거든. 이제부터 엄마가 만들어 주는 간식만 먹는 거야. 알았지?"

"알았어. 정말인가 한번 시험해 봐야지. 히히히!"

광무는 된장찌개에 밥을 맛있게 먹었어요. 그리고 뚱보 탈출 대작전을 세웠어요. 엄마는 예쁜 글씨로 써서 냉장고에 붙여놓았어요.

뚱보 탈출 대작전

1. 라면 먹지 않기
2. 자장면 시켜 먹지 않기(한 달에 한 번은 괜찮음)
3. 피자나 치킨은 한 달에 한 번만 먹기(생일엔 먹어도 됨)
4. 밥 먹고 바로 눕지 않기
5. 간식은 엄마가 만들어주는 것만 먹기
6. 하루에 줄넘기 삼백 번, 윗몸 일으키기 열 번 하기(엄마도 같이!)
7. 일요일엔 아빠와 자전거 타거나 산에 가기

※ 한 번 어길 때마다 일주일 용돈 안 받기

※ 엄마가 간식 안 만들어 줄 때 벌칙
   - 일주일치 용돈 더 주기

광무와 엄마는 엄지손가락으로 손도장을 꾹 찍었어요. 광무는 벌써부터 날씬해진 기분이 들었어요.

"광무야! 어제 너 학교 안 와서 걱정했어. 체육대회 때 미안해. 네가 일부러 그런 것도 아닌데……."
우유를 가지러 가는데 예진이가 말했어요.
"괜찮아. 나, 이제부터 살 뺄 거야."
"그럼 이제부터 점심 때 다른 애들이 남긴 거 먹지 마. 내가 지켜볼 거야."
"알았어. 예진아! 내가 엄마 아빠로 사행시 지어 볼까?"
광무는 예진이 말에 부끄러워 얼른 말을 돌렸어요. 예진이는 광무의 사행시에 까르르 웃었어요. 학교에 빨리 오길 잘했어요. 하마터면 예진이가 웃는 모습을 오래 못 볼 뻔했잖아요.
방과 후 청소 시간, 광무는 얼른 복도 청소를 마치고 화장실로 갔어요. 용대와 기훈이가 화장실 청소를 하고 있었어요. 광무를 '똥광'이라고 부르며 놀린 벌로요.

"내가 도와줄게. 미안해. 너희들 나 때문에 화장실 청소하는 거잖아."

용대는 눈이 동그래지더니 머리를 긁적이며 말했어요.

"그러니까 진짜 미안해지네. 나야말로 미안해! 이제부터 똥광이라고 안 할게."

"나도!"

기훈이도 비시시 웃으며 말했어요.

"아니야, 똥광이라고 불러도 돼. 그런데 내가 살 뺄 때까지만이다."

"알았어. 너, 똥광 딱지 빨리 떼야 돼. 똥광! 우리, 청소 끝내고 같이 축구할래?"

용대가 활짝 웃으며 물었어요.

"그래. 그런데 나 또 골키퍼야?"

"아니, 누가 꼴 먹는 하마한테 골대를 맡기냐? 골키퍼는 돌아가면서 해."

"좋아. 나도 공 차고 싶단 말이야."

"그래. 열심히 공 쫓아다니면서 이 살 좀 빼라."

용대는 웃으며 광무의 배를 꾹 눌렀어요.

한참 축구를 하고 나니까 옷이 땀으로 흠뻑 젖었어요. 집에 가면서 애들이 떡볶이를 사 먹자고 했어요. 떡볶이란 말에 군침이 고였지만, 꾹 참고 집으로 달렸어요.

식탁 위엔 엄마가 해 놓은 고구마 맛탕이 있었어요. 엄마 말이 맞았어요. 입 큰 괴물은 엄마 냄새에 꼼짝도 못했어요.

광무는 저녁을 먹고 나서 엄마와 줄넘기를 했어요. 숨은 헉헉, 땀은 뻘뻘. 광무는 주저앉고 싶었지만 꾹 참았어요. 똥광

딱지를 빨리 떼고 싶었거든요.

한 달 뒤.
야호! 광무는 몸무게가 3킬로그램이나 빠졌어요.
광무는 넉넉해진 청바지를 입고 학교로 가요. 걸을 때마다 청바지에 달린 쇠줄이 축하 노래를 불러 주네요.
짤랑 짤랑 짤랑……

나도 다이어트를 해야 할까?

(아래에 해당되는 곳에 체크하세요.)

① 음식을 먹을 때 배가 많이 부를 때까지 먹어요. ☐
② 밥을 먹은 뒤에 자꾸 누워요. ☐
③ 햄버거, 피자, 치킨, 튀김 같은 간식을 자주 먹어요. ☐
④ 걷거나 운동하는 걸 싫어해요. ☐
⑤ 초콜릿, 설탕, 사탕 같은 단 음식을 좋아해요. ☐
⑥ 과일이나 채소는 잘 안 먹어요. ☐
⑦ 아침을 안 먹어요. ☐
⑧ 밤에 간식을 먹고 자요. ☐
⑨ 식사 시간이나 잠자는 시간이 불규칙해요. ☐
⑩ 스트레스를 많이 받아요. ☐

> 0개일 때 : 다이어트 필요 없어요.
> 1~3개일 때 : 다이어트에 관심을 가져 보세요.
> 4~6개일 때 : 슬슬 다이어트를 해 보세요.
> 7~10개일 때 : 꾸준히 다이어트를 해야 돼요.

다이어트 하기 전에 알아두세요.

1 한꺼번에 살이 다 빠지는 게 아니에요.

하루 사이에 갑자기 살이 찌지 않듯이, 살을 뺄 때도 한 번에 뺄 수 없어요. 끈기를 갖고 꾸준히 다이어트를 해야 돼요. 처음 정해진 목표대로 운동을 하고 음식 조절을 하는 습관을 길러 보세요.

2 몇 끼 굶고 한 번에 많이 먹으면 오히려 살이 더 쪄요.

밥을 먹지 않고 굶으면 우리 몸에 에너지가 부족해져요. 그럼 우리 몸의 에너지는 적은 양의 에너지만 사용하고 나머지는 절약하게 돼요. 그 나머지 에너지들이 모두 지방으로 쌓이게 돼요. 그래서 오히려 살이 더 찌는 거랍니다.

3 계획을 세워 차근차근 해야 돼요.

계획 없이 무작정 다이어트를 시작하면 도중에 포기하기 쉬워요. 목표를 세우고 계획대로 차근차근 하다 보면 먹고 싶은 것을 먹으면서 살도 뺄 수 있어요.

4 요요 현상을 조심하세요.

요요 현상은 굶어서 살을 빼거나 운동을 하다 말았을 때, 빠졌던 살이 다시 찌는 것을 말해요. 요요 현상을 피하려면 꾸준히 운동하면서 살을 빼야겠지요? 운동을 할 때에도 가벼운 운동부터 서서히, 몸에 무리 없게 하세요.

음식 신호등을 지키세요.

 초록 신호등 : 몸에 좋은 음식들이니 많이 먹어도 돼요.

푸른 잎 채소류(오이, 배추, 상추, 양상추, 깻잎),
과일, 뼈째 먹는 생선, 해조류(김, 미역, 다시마),
녹차, 버섯류, 맑은 채소 국,
기름기 걷어낸 맑은 육수

 빨간 신호등 : 살이 찌기 쉬우니 조금만 먹어요.

기름기 많은 갈비, 삼겹살, 생선,
과일 통조림, 케이크, 라면, 튀김류, 치킨,
돈가스, 핫도그, 피자, 도넛

 검정 신호등 : 살이 많이 찌는 음식들이니 피해 가세요.

탄산음료, 사탕, 초콜릿, 아이스크림

   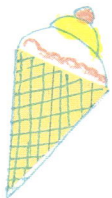

천천히, 꾸준히 운동해 봐요.

1 목표를 너무 높게 세우지 마세요.
실천할 수 있는 만큼만 목표를 세우기로 해요.

2 조금씩 운동량을 늘려요.
처음부터 무리해서 운동하지 말고, 조금씩 천천히 해요.

3 지칠 때까지 너무 무리하면 안돼요.
심하게 운동하면 몸이 너무 힘들어 해요. 적당히 하세요.

4 매일 꾸준히 규칙적으로 해요.
하루에 너무 많이 하지 말고, 매일 30분씩 꾸준히 해요.

5 가족과 함께하면 더 좋아요.
혼자 하는 것보다 훨씬 재미있고, 지루하지 않아요.

6 즐거운 마음으로 해요.
즐겁게 운동을 하면 마음도 덩달아 즐거워져요.

꼭꼭 기억하기!

살 찌지 않는 식사 습관

① 아침을 거르지 않고 꼭 먹는다.

② 편식하지 않고 음식을 골고루 먹는다.

③ 꼭꼭 씹어서 먹는다.

④ 작은 그릇을 사용한다.

⑤ 간식은 적당히 먹는다.

⑥ 외식을 자주 하지 않는다.

⑦ 햄버거, 피자, 치킨 등 패스트 푸드를 피한다.

⑧ 밤에는 간식을 먹지 않는다.

⑨ 물을 충분히 마신다.

⑩ 조금씩, 자주 먹는다.

YES!

NO!

꼭꼭 기억하기!

가볍게 할 수 있는 운동

- 줄넘기
- 윗몸 일으키기
- 엘리베이터 타지 않고 계단 오르기
- 훌라후프 돌리기
- 운동화 신고 걸어다니기
- 자전거 타기
- 가벼운 스트레칭하기
- 팔굽혀펴기
- 뒷산에 오르내리기
- 공놀이하기

국립중앙도서관 출판시도서목록(CIP)

뚱뚱해서 싫어? : 비만 습관을 고쳐주는 책 / 오미경 글 : 김정진 그림. -- 고양 : 위즈덤하우스, 2010
 p. ; cm. -- (좋은습관 길러주는 생활동화 ; 06)

ISBN 978-89-6247-151-9 73810 : ₩8500
ISBN 978-89-92010-33-7(세트) 73810

813.7-KDC5   CIP2010002509

비만 습관을 고쳐주는 책

뚱뚱해서 싫어?

초판 1쇄 발행 2010년 7월 21일   **초판 4쇄 발행** 2014년 11월 10일

글 오미경   **그림** 김정진   **펴낸이** 연준혁

출판 5분사   **분사장** 배재성   **1부서 편집장** 윤지현
책임편집 이주연   **디자인** 마루·한
제작 이재승

펴낸곳 (주)위즈덤하우스   **출판등록** 2000년 5월 23일 제13-1071호
주소 경기도 고양시 일산동구 정발산로 43-20 센트럴프라자 6층
전화 (031)936-4000   **팩스** (031)903-3891   **전자우편** scola@wisdomhouse.co.kr
홈페이지 www.wisdomhouse.co.kr   **스콜라 카페** http://cafe.naver.com/scola1
종이 월드페이퍼   **인쇄** 영신사   **제본** 신안제책

ⓒ오미경, 2010
ISBN 978-89-6247-151-9 73810
ISBN 978-89-92010-33-7 (세트)

이 책은 저작권법에 따라 보호받는 저작물이므로 무단전재와 무단복제를 금지하며,
이 책 내용의 전부 또는 일부를 이용하려면 반드시 저작권자와 (주)위즈덤하우스의 동의를 받아야 합니다.
• 잘못된 책은 바꿔 드립니다.   • 책값은 뒤표지에 있습니다.